LA FRANCE

DRAMATIQUE

AU DIX-NEUVIÈME SIÈCLE,

Choix de Pièces Modernes.

Odéon.

L'AVOCAT DE SA CAUSE,

COMÉDIE EN UN ACTE ET EN VERS,

741.

PARIS.

C. TRESSE, ÉDITEUR,

ACQUÉREUR DES FONDS DE J.-N. BARBA ET V. BEZOU,

SEUL PROPRIÉTAIRE DE LA FRANCE DRAMATIQUE,

PALAIS-ROYAL, GALERIE DE CHARTRES, Nᵒˢ 2 ET 3,

Derrière le Théâtre-Français.

1842.

L'AVOCAT DE SA CAUSE,

COMÉDIE EN UN ACTE ET EN VERS,

PAR

M. CAMILLE DOUCET,

AUTEUR D'UN JEUNE HOMME,

Représentée pour la première fois, à Paris, sur le théâtre royal de l'Odéon,
le 5 février 1842.

DISTRIBUTION DE LA PIÈCE.

LÉON DARCY..	MM. FILLION.
ALEX DE SAINT-ROMAIN...........................	LÉON GENÊT.
Mme DE PUISIEUX...................................	Mmes MATHILDE PEYRE.
Mme DUPRAT..	BERTHIER.
JENNY..	Mlle BERTHAULT.

(La scène se passe à Meudon.)

Le théâtre représente une petite chambre de travail. — Fenêtre à droite ; table à gauche ; porte derrière ; porte
au fond, entre deux demi-latérales.

SCÈNE I.

JENNY, en scène, LÉON, à la porte du fond.

LÉON.

Jenny !

JENNY.

Monsieur Léon... enfin !...

LÉON.

Peut-on entrer ?

JENNY.

Nos amis seuls chez nous ont droit de pénétrer...
Qui vous amène ici ?... l'amour ou la colère ?...
Apportez-vous la paix...

LÉON, entrant.

Vous méritez la guerre...
Je le sais... je devrais me fâcher...

JENNY.

Et nous donc !...
Quatre jours pour venir de Paris à Meudon !...
Peste !... les amoureux d'aujourd'hui sont ingambes
Et ne marchandent pas pour prodiguer leurs jambes!
Vous arrivez déjà !...

LÉON.

Trop tôt peut-être encor !...
Au moins explique-moi...

JENNY.

Pardonnez-nous d'abord...

LÉON.

Du tout, je veux savoir...

JENNY.

A quoi bon ?

LÉON.

C'est l'usage :
Plaide et je vais juger...

JENNY.

Un pur enfantillage.

LÉON.

Je le crois parbleu bien ! et n'ai jamais pensé
Qu'en tout ceci l'honneur pût être intéressé...
Je connais trop Julie et lui rends trop justice
Pour imputer à mal ce qui n'est que caprice ;
Mais ces caprices-là doivent m'inquiéter :
Le premier vent qui souffle est sûr de l'emporter ;
Aujourd'hui c'est ceci, demain c'est autre chose,
Dont on ne peut prévoir ni comprendre la cause ;
Cette instabilité peut séduire un amant ;
Mais un mari futur pense différemment...
Madame de Puisieux d'ailleurs n'est plus d'un âge
Où la légèreté soit un enfantillage;
Tant qu'on est jeune, on peut faire tout ce qui plaît.

JENNY.

On lui croirait cent ans, si l'on vous entendait...

LÉON.

Pas encor, grace au ciel ! mais enfin elle compte
Vingt-quatre hivers échus, plus un printemps d'à-
[compte,
Ce qui, joint au mari que je vais remplacer,
Doit raisonnablement lui donner à penser...
Je ne demande pas... j'en serais fâché même,
Qu'elle aille renoncer à des plaisirs... que j'aime...
Mais, sans être exigeant, sans la persécuter,
Je désire, à peu près, savoir sur quoi compter ;
Quand l'amant, par avance, est réduit à se plaindre,
Je crois pour le mari l'avenir fort à craindre...

JENNY.

Quoi... vous prenez la chose au tragique...

LÉON.

Du tout ;
Mais la plaisanterie est très peu de mon goût,
Et je ne sais comment excuser sa conduite...
Vers neuf heures du soir, mercredi, je la quitte...
— A demain, me dit-elle, en me tendant la main,
Vous le promettez ? — Oui. — J'y cours, le lende-
JENNY.   [main...
Nous venions de partir...

LÉON.

Précisément... Je sonne,
On ne me répond pas... Je redouble... personne...
Je descends... le portier me dit tranquillement :
— Madame de Puisieux n'est plus ici.—Comment ?
Cela ne se peut pas... — Elle est à la campagne...
—Laquelle ?—Je ne sais.—Et Jenny ?— L'accom-
Il eût fallu venir dix minutes plus tôt...— [pagne :
Et madame pour moi n'a rien dit ?— Pas un mot...
Juge de ma surprise !

JENNY.

Et de votre colère...

LÉON.

Je pars, ne sachant plus que penser ni que faire ;
Je veux douter encor... Mais en rentrant chez moi,
Je trouve ton billet... et j'apprends... grace à toi,
Que, désertant Paris sans daigner m'en instruire,
Madame de Puisieux à Meudon se retire...
Chez qui ?... chez une femme...

JENNY.

Une femme d'esprit
Qui fait des vers charmans...

LÉON.

Que personne ne lit !...
Une femme d'esprit... dont la muse immorale
S'est fait partout proscrire à force de scandale,
Une femme d'esprit... qui n'a pas le bon sens
De voir que, si l'on rit, on rit à ses dépens...
La voici maintenant, dans sa rage éternelle
De faire, à quelque prix que ce soit, parler d'elle,
Qui, voyant nos badauds déserter tous les jours,
Vient ennuyer Meudon de je ne sais quel cours...
Ce bel esprit bavard, dont elle se pavane,

Aux yeux de quelques sots cache la courtisanne :
Mais le monde, sévère et juste en son mépris,
A condamné l'auteur, la femme et les écrits !...

JENNY.

Comment ! vous penseriez ?...

LÉON.

Ce que tout Paris pense...
Pour mettre sur sa vie un masque de décence,
Et la légitimer jusque dans ses travers,
Elle se fait honneur d'un tas de méchans vers ;
Elle s'en va, disant à qui veut bien l'en croire,
Que la philosophie est son unique gloire,
Qu'elle n'a nul souci des choses d'ici-bas ;
Mais, tout en les blâmant, elle en fait très grand cas ;
Veuve à trente-deux ans, et fort sotte de l'être,
Elle a cherché partout pour se trouver un maître ;
Et, comme aucun mari ne veut plus s'en charger,
Sur le tiers et le quart elle aime à se venger :
Chacun est, tour à tour, dupe de son manége ;
Son amitié jalouse est, elle-même, un piége...
En attirant Julie, elle veut l'abuser ;
Je suis sûr de mon fait et m'y viens opposer...

JENNY.

Que ferez-vous ?

LÉON.

Ma foi, je ne sais, mais la ruse
Est ici très permise, et tant pis pour la muse...

JENNY.

Vous l'aimez peu !

LÉON.

C'est vrai.

JENNY.

Vous êtes un ingrat !
Sachez donc que madame Albertine Duprat
Fait tout ce qu'elle fait pour un homme qu'elle aime !

LÉON.

Et ce mortel heureux, c'est...

JENNY.

C'est vous...

LÉON.

Moi ?...

JENNY.

Vous-même.

LÉON.

Tu veux rire ?

JENNY.

Du tout... Voici tantôt un mois
Qu'elle vous vit chez nous pour la première fois ;
N'ayant pas découvert encor notre mérite...
Elle ne nous faisait par an qu'une visite ;
Tout à coup... dans vos yeux c'était sans doute écrit,
Nous devenons pour elle un prodige d'esprit...
Elle vous voit, nous aime, et, changeant de langage,
D'une estime subite elle nous fait hommage...
Un coup d'œil a suffi... Dès lors, matin et soir,
Elle vient chaque jour pour vous... non... pour nous
Pour nous, elle vous porte un intérêt extrême. [voir ;

« Que fait-il donc ? » dit-elle. « Il part à l'instant
Répond madame... Moi, je n'ose l'avertir, [même,»
Qu'en la voyant entrer vous venez de sortir...
Ce serait peu flatteur, quoique vrai... De plus belle,
Elle refait vingt fois une épreuve nouvelle ;
Lasse enfin de se voir aussi mal réussir,
Aux moyens décisifs elle veut recourir...
La guerre est commencée, il faut qu'elle l'achève,
Il faut vous enlever... donc elle nous enlève !...

LÉON.

Bravo, madame !...

JENNY.

       Un jour... précisément jeudi,
Elle vient, tout courant, chez nous, avant midi...
Elle s'y prend si bien qu'elle nous persuade
Que le ciel nous destine à faire... une Iliade !...
Que tarder plus long-temps à sortir du repos,
C'est déserter la lice et trahir les drapeaux...
Nous avons trop d'esprit sans doute pour la croire ;
Mais l'encens est si doux... et c'est si beau la gloire !
D'ailleurs tout par ses soins est déjà préparé,
Un château nous attend dans un lieu retiré ;
Là nous pourrons en paix, et dans la solitude,
Jouir tranquillement des plaisirs de l'étude ;
De plus, dans un recueil des mieux accrédités,
Nos ouvrages futurs sont d'avance acceptés.

LÉON.

Vous ferez ?. .

JENNY.

      De grands vers... de petits épisodes,
Et l'article de fond. . dans le *Journal des Modes !*

LÉON.

Peste ! cela promet !...

JENNY.

      D'abord nous hésitons ;
Mais la voiture est prête... elle part... nous partons !

LÉON.

Sans songer au mari que vous deviez attendre.

JENNY.

C'est vrai.

LÉON.

      Bien obligé d'un souvenir si tendre...

JENNY.

Que voulez-vous ?... la gloire !...

LÉON.

      Ah ! je me vengerai !

JENNY.

C'est déjà fait.

LÉON.

Comment ?

JENNY.

      Nous avons bien pleuré !

LÉON.

Se peut-il ?

JENNY.

      On vous aime, et madame est si bonne !...
Quand on se voit, on parle, ou gronde... et l'on
          [pardonne ;

Mais de loin... Hier soir, elle pleurait encor.

LÉON.

O ciel ! et maintenant que fait-elle ?

JENNY.

      Elle dort...

LÉON.

Elle dort !... sa douleur est très inquiétante...

JENNY.

Elle a passé la nuit.

LÉON.

      A quelque œuvre importante.

JENNY.

Le travail est pour elle une distraction...
Quand elle s'est couchée, il faisait grand jour.

LÉON.

      Bon !

JENNY.

A sept heures, au plus, voulant être éveillée,
De revenir bientôt elle m'avait priée.
Mais j'ai pensé...

LÉON.

      Fort mal... une femme d'esprit
Ne doit pas fermer l'œil ni le jour ni la nuit.
Va vite l'avertir.

JENNY.

      Vous voulez ?...

LÉON.

      Je l'exige.

JENNY.

Elle en sera malade.

LÉON.

      Eh ! tant mieux !... Va, te dis-je !...

      (Elle sort.)

ooooooooooooooooooooooooooooooooooooooooooooooo

SCÈNE II.

LÉON, seul.

Oui, parbleu !... dussiez-vous avoir quelque vapeur,
Je saurai vous guérir du beau métier d'auteur.
Que voulez-vous ?... je suis avocat, chère dame,
Et je crois qu'une muse est une triste femme,
L'épouser me paraît beaucoup plus triste encor,
Et c'est un sot emploi qui me déplairait fort.
Je connais tel mari dont le bonheur m'engage
A préférer la prose aux vers dans mon ménage.
D'un astre trop brillant satellite effacé,
N'ayant que la valeur d'un zéro mal placé,
Il n'est, grace aux amis qui lui viennent en aide,
Ni marié, ni veuf, ni garçon... il possède
La nu-propriété d'une femme d'esprit
Dont le premier venant lui souffle l'usufruit.
C'est charmant... et l'on veut...

ooooooooooooooooooooooooooooooooooooooooooo

SCÈNE III.

LÉON, JENNY.

JENNY.
   La toilette s'avance...
LÉON, à part.
    (Haut.)
Mais au fait... pourquoi pas?... J'ai ma double ven-
Où puis-je me cacher?...   [geance !
JENNY, allant à la croisée.
   Dans le jardin anglais ;
On le trouve charmant... mais on n'y va jamais...
Là-bas, à droite...
LÉON.
  Eh ! mais...
JENNY.
  Quoi?
LÉON.
   Quel est ce jeune homme?
JENNY.
Où donc?
LÉON.
 Là !
JENNY.
Ce n'est rien.
LÉON.
  Comment, rien !
JENNY.
    Il se nomme
Alex de Saint-Romain...
LÉON.
  Un auteur?
JENNY.
    En projet.
Il a tout ce qu'il faut pour l'être... hors un sujet,
Depuis plus de deux ans il est à la poursuite
Du titre qu'il doit mettre à son œuvre inédite ;
Mais il a beau chercher, rien n'est encor venu...
Ce qui n'empêche pas qu'il ne soit très connu...
On l'estime, on le choie, on l'aime, on le vénère !
LÉON.
Il a donc de l'esprit?
JENNY.
  Il est millionnaire !
LÉON.
C'est différent...
JENNY.
  Son père, honnête s'il en fut,
Travailla quarante ans, fit fortune et mourut.
LÉON.
Bien !
JENNY.
  Alors, noble et riche, il lui prend fantaisie
D'avoir le goût des arts et de la poésie !
De madame Duprat tout le monde parlait,
Il s'y fait présenter, la voit, l'aime, lui plaît,

Se cramponne à sa gloire, et, remarqué par elle,
Devient subitement littérateur modèle,
Poète et romancier... un génie en un mot !...
Otez un million, et ce n'est plus qu'un sot...
LÉON.
Le portrait est flatteur !
JENNY.
   Flatté, je vous assure,
Il lui ressemble en beau...
LÉON.
   Peste !...
JENNY.
    En miniature...
A ses réflexions profondément livré,
Il cherche le sujet si long-temps désiré,
Il ne vous verra pas... partez... Je crois l'entendre.
LÉON.
Si je pouvais la voir !
JENNY.
   Hâtez-vous de descendre...
C'est elle.
LÉON.
 Je t'attends...
JENNY.
  J'y vais.
   (Léon sort.)

ooooooooooooooooooooooooooooooooooooooooooo

SCÈNE IV.

JENNY, Mme DE PUISIEUX.

Mme DE PUISIEUX.
   Eh bien ! Jenny?
JENNY.
Personne... ce n'est pas encor pour aujourd'hui...
Mme DE PUISIEUX.
Et pas de lettre?
JENNY.
 Non.
Mme DE PUISIEUX.
   (A part.)
  C'est bien ! C'est incroyable...
Il faut que je travaille... approchez cette table...
(Elle s'assied.)
Que faites-vous là?
JENNY.
 Moi?... J'attends.
Mme PUISIEUX.
   Sortez... non... si !
JENNY, sortant.
Je crois que le remède a déjà réussi...
   (Elle sort.)

SCÈNE V.

Mᵐᵉ DE PUISIEUX , seule.

Rien .. pas un mot... ces vers sont froids,c'est vieux,
                                 [c'est fade !
Hier, je les trouvais charmans ! J'en suis malade...
Quatre jours... c'est si long ! j'ai mal fait de partir...
Oui, j'aurais dû l'attendre... ou du moins l'avertir...
J'ai cru qu'il comprendrait... il connaît Albertine,
C'était si naturel... quand on aime on devine...
Mais les hommes seraient honteux de faire un pas,
Ils ne nous aiment plus dès qu'ils ne nous voient
                                 [pas !
Si j'étais seule au moins... mais ce sot personnage
Dont il me faut subir et les vers et l'hommage...
Ce monsieur Saint-Romain !...Tout bien considéré,
Je n'y puis plus tenir... je me rends... j'écrirai !...
Quel bonheur quand demain il recevra ma lettre ;
De son étonnement d'abord il n'est pas maître,
Il regarde, il hésite, il doute, il ouvre, il lit...
C'est d'elle ! Je le vois ! j'entends tout ce qu'il dit !
En attendant, l'ingrat m'accuse et me soupçonne...
Mais je vaux mieux que vous, monsieur... je vous
                                 [pardonne !...
Et quand il l'aura lue, il viendra... je l'attends...

Mᵐᵉ DUPRAT, dans la coulisse.

Sans doute elle est visible...

Mᵐᵉ DE PUISIEUX.

          O ciel ! quel contre-temps !...
Albertine !... Tâchons de ne pas être émue...

SCÈNE VI.

Mᵐᵉ DE PUISIEUX , Mᵐᵉ DUPRAT, ALEX.

JENNY, annonçant.

Madame, c'est...

Mᵐᵉ DUPRAT, entrant.

C'est moi...

Mᵐᵉ DE PUISIEUX.

          Toujours la bienvenue !...

Mᵐᵉ DUPRAT.

Bonjour, chère...Venez, Alex...Vous permettez ?...

ALEX.

Belle dame, je suis confus de vos bontés !
Je n'osais, si matin...

Mᵐᵉ DUPRAT.

          (A Mᵐᵉ de Puisieux.)
        Assez !... Je viens vous prendre,
C'est aujourd'hui mon cours, tout Meudon doit s'y

Mᵐᵉ DE PUISIEUX.   [rendre...

J'irai...

ALEX.

Je vous promets un sublime discours !

Mᵐᵉ DUPRAT.

Sublime... non... c'est beau...

Mᵐᵉ DE PUISIEUX.

        Sur quel sujet ?

ALEX.

                Toujours
L'émancipation, la liberté de l'ame,
L'abaissement de l'homme au profit de la femme.

Mᵐᵉ DE PUISIEUX.

Je comprends... ce sujet doit vous plaire ?

ALEX.

             Beaucoup.
Il est des plus heureux !

Mᵐᵉ DE PUISIEUX.

        Pour les hommes surtout...

ALEX.

Le sexe ne fait rien, croyez-moi, belle dame !

Mᵐᵉ DE PUISIEUX.   [me...

Je pense comme vous, monsieur ; mais je suis fem-

Mᵐᵉ DUPRAT, à Mᵐᵉ de Puisieux.

Votre conversion n'est faite qu'à demi,
Je la vais achever à mon cours d'aujourd'hui.

Mᵐᵉ DE PUISIEUX.

Volontiers... Moi, je vais achever ma toilette.

ALEX.

La nôtre nous réclame et sera bientôt faite ,
Nous partirons ensemble...

Mᵐᵉ DUPRAT, bas, à Julie.

        A propos, et Léon ?

Mᵐᵉ DE PUISIEUX.

Il viendra.

Mᵐᵉ DUPRAT.

      Vraiment !

Mᵐᵉ DE PUISIEUX.

      Oui.

Mᵐᵉ DUPRAT.

        Vous avez écrit ?

Mᵐᵉ DE PUISIEUX.

            Non.
Mais mon cœur me le dit.

Mᵐᵉ DUPRAT.

        On croit ce qu'on désire...
On se trompe souvent... Pourquoi ne pas écrire ?
C'est tout simple... il n'attend qu'un mot de votre
Nous ne le verrons pas...   [main.

Mᵐᵉ DE PUISIEUX, rentrant.

        Nous le verrons... demain.

SCÈNE VII.

Mᵐᵉ DUPRAT, ALEX.

Mᵐᵉ DUPRAT, à part.

Demain... c'est impossible ! elle croit... elle espère..
Elle espère toujours !...

ALEX, à part, cherchant son sujet.

        Une fille... un vieux père...

J'y suis.

Mᵐᵉ DUPRAT.

Alex !

ALEX.

Plaît-il ?

Mᵐᵉ DUPRAT.

Vous allez à Paris
Porter à l'instant même un billet que j'écris.

ALEX.

A Paris ?

Mᵐᵉ DUPRAT.

Sur-le-champ... Tenez.

ALEX.

Pour une lettre ?

Mᵐᵉ DUPRAT.

Vous l'avez entendu.

ALEX.

Si vous vouliez permettre,
J'enverrais quelqu'un...

Mᵐᵉ DUPRAT.

Oui... mais je ne permets pas,
Et veux que vous alliez vous-même, de ce pas,
La porter chez monsieur...

ALEX.

Un jeune homme, Albertine !

Mᵐᵉ DUPRAT.

Un jeune homme... monsieur Darcy... place Dau-
Prenez votre cheval et partez.   [phine...

ALEX.

Mais...

Mᵐᵉ DUPRAT.

Allez !

ALEX.

Je... Vous faites de moi tout ce que vous voulez.

(Il sort.)

ooooooooooooooooooooooooooooooooooooooooooooooooo

SCÈNE VIII.

Mᵐᵉ DUPRAT.

Il viendra !... ce moyen était le seul sans doute.
D'ailleurs j'en ai trop fait pour m'arrêter en route.
J'ai tort ; mais c'est égal.

ooooooooooooooooooooooooooooooooooooooooooooooooo

SCÈNE IX.

Mᵐᵉ DUPRAT, LÉON, JENNY.

JENNY, dans le fond, à Léon.

Arrivez, la voici.

LÉON.

Elle est seule ?

JENNY.

Oui...

LÉON.

Va-t'en...

(Elle sort.)

Mᵐᵉ DUPRAT, se retournant.

O ciel ! monsieur Darcy !...

LÉON.

Madame... j'ai... pardon... je crois que je vous gêne.

Mᵐᵉ DUPRAT.

Au contraire, monsieur... Quel bon vent vous amè-

LÉON.   [ne ?

Vous me le demandez ?... Mais il n'est question,
Madame, dans Paris, que des cours de Meudon,
Et je venais chez vous avant que de m'y rendre,
Empressé de vous voir comme de vous entendre.

Mᵐᵉ DUPRAT.

Que dit-il ?... Quoi ! monsieur...

LÉON.

Si je suis indiscret,
Dites un mot... je pars...

Mᵐᵉ DUPRAT.

Comment, il se pourrait...
C'est pour moi...

LÉON.

Pour qui donc, madame, je vous prie ?

Mᵐᵉ DUPRAT.

Je ne sais... j'avais cru qu'une autre... que Julie...

LÉON.

Madame de Puisieux ?... Ah ! ne m'en parlez pas,
Long-temps un fol espoir m'entraîna sur ses pas,
Vous le savez... Eh bien ! pardonnez-moi, madame,
D'épancher devant vous tout le fiel de mon ame ;
Mais comment se résoudre à passer pour un sot,
Qui se laisse insulter et n'ose dire un mot ?...
A ce rôle honteux qui pourrait se contraindre ?
On est dupe deux fois, quand on l'est sans se plain-

[dre.

Non, non, il faut parler, mais parler franchement
Et dire : Je sais tout, vous me trompez...

Mᵐᵉ DUPRAT.

Comment !

LÉON.

Vous êtes, j'en suis sûr, de mon avis, madame.

Mᵐᵉ DUPRAT.

Je ne vous comprends pas...

LÉON.

Vous pensez que la femme
Qui se serait de moi jouée imprudemment
Aurait bien mérité ce petit châtiment,
Et que si, par hasard, infidèle et parjure,
Madame de Puisieux m'avait fait cette injure...

Mᵐᵉ DUPRAT, à part.

Madame de Puisieux !...

LÉON.

Je pourrais, n'est-ce pas,
Lui dire : Je sais tout, vous me trompez.

Mᵐᵉ DUPRAT.

Plus bas !

LÉON.

Et si, las d'un lien dont elle me dégage,
Je voulais mieux placer mes vœux et mon hommage,
J'aurais droit de le faire, et pourrais sans retour

Venger, en l'oubliant, l'oubli de mon amour !
Mᵐᵉ DUPRAT.
Quoi, monsieur, vous voulez...
LÉON.
Je m'emporte, madame !...
Mais, si je le voulais, quelle indulgente femme,
Acceptant le rebut d'un cœur humilié,
Pour doubler ma vengeance en prendrait la moitié ?
Mᵐᵉ DUPRAT.
Toutes s'honoreraient d'un cœur comme le vôtre.
LÉON.
Même en leur avouant que j'en aimais un autre ?
Mᵐᵉ DUPRAT.
Qu'importe ? cet aveu n'aurait rien d'offensant...
On pardonne au passé, quand on a le présent.
LÉON.
Que dites-vous, ô ciel... combien vous êtes bonne !
Vous ne condamnez pas celui qu'on abandonne.
Ah ! je le savais bien, madame... apprenez donc
Que si je suis venu ce matin à Meudon,
C'était... qu'allais-je dire ?...
Mᵐᵉ DUPRAT.
Eh bien !
LÉON.
Je dois me taire...
Mᵐᵉ DUPRAT.
Achevez...
LÉON.
Je ne puis, je crains votre colère !...
Mᵐᵉ DUPRAT.
Mais, monsieur...
LÉON.
Permettez qu'un silence discret
Pour toujours, dans mon cœur, renferme mon se-
[cret.
Je voulais seulement vous voir et vous entendre ;
De mon émotion je n'ai pu me défendre.
J'eus tort... un nom... le sien qui vous est échappé,
M'a rappelé d'abord combien on m'a trompé ;
Mais au ressentiment de cette lâche offense,
Succède dans mon cœur une chère espérance...
Mᵐᵉ DUPRAT.
Je ne vous blâme pas... mais peut-être à vos yeux
A-t-on calomnié madame de Puisieux.
Peut-être ignorez-vous...
LÉON.
Je sais tout, je vous jure,
Et la punition égalera l'injure.
Une femme s'est fait un jeu de mon amour :
Je veux, pour la punir, qu'elle m'aime à son tour,
Une fois satisfait, laissant là toute feinte,
Vers un plus digne objet je reviendrai sans crainte,
Sûr de voir excuser un caprice innocent...
On pardonne au passé... quand on a le présent.
Mᵐᵉ DUPRAT.
Je ne dis pas cela...
LÉON.
Pourquoi vous en défendre ?
Vous l'avez dit...

Mᵐᵉ DUPRAT.
Monsieur, j'ai peur de vous comprendre.
Dans un autre moment vous vous expliquerez ;
Mais je dois obéir à des devoirs sacrés.
Autant que je l'ai pu, d'une voix impuissante,
J'ai protégé les droits de mon amie absente,
Maintenant j'appartiens à d'autres intérêts.
Allez m'attendre au cours et revenez après.
LÉON.
Ah ! madame, je pars... L'espérance est permise,
(A part.)
N'est-ce pas ?... Elle hésite.
Mᵐᵉ DUPRAT.
A bientôt.
LÉON, à part.
Elle est prise.

(Mᵐᵉ Duprat lui tend la main qu'il baise. Mᵐᵉ de
Puisieux et Alex entrent chacun par une porte
de côté, et les voient. Mᵐᵉ Duprat sort, puis
Léon.)

SCÈNE X.

Mᵐᵉ DE PUISIEUX, ALEX.

Mᵐᵉ DE PUISIEUX, à part.
Ah !
ALEX, à part.
Oh !
LÉON, à part.
Elle m'a vu... Je reviendrai bientôt.
(Il sort.)
ALEX, à part.
A merveille !
Mᵐᵉ DE PUISIEUX, à part.
Il s'en va sans me dire un seul mot.
ALEX, à part.
J'arrive au bon moment... on m'attendait, je pen-
Mᵐᵉ DE PUISIEUX, à part.   [se...
Tout à l'heure Albertine accusait son absence,
Elle ne voulait pas croire qu'il vînt demain,
J'entre et trouve monsieur qui lui baise la main.
Oh !... je n'en puis douter...
ALEX.
Vous l'avez vu, madame,
Mᵐᵉ DE PUISIEUX.
C'est une chose affreuse !
ALEX.
Horrible... lâche... infâme !
Mᵐᵉ DE PUISIEUX.
Il se moque de moi.
ALEX.
De moi, s'il vous plait.
Mᵐᵉ DE PUISIEUX.
Non.
Lui seul a tort, tandis qu'Albertine...
ALEX.
Allons donc !

Mme DE PUISIEUX.
Si de le recevoir elle eût eu la pensée,
Tranquillement ici m'aurait-elle laissée ?
ALEX.
Dites que connaissant votre extrême bonté,
Elle aura cru pouvoir...
Mme DE PUISIEUX.
Oh ! quelle indignité !
ALEX.
D'ailleurs elle a tout fait, si je me le rappelle,
Pourque vous allassiez à son cours avant elle.
Mme DE PUISIEUX.
Vous croyez ?
ALEX.
J'en suis sûr, et c'était pour le mieux.
Mme DE PUISIEUX.
Mais vous qui voyez tout avec de si bons yeux,
Comment donc se fait-il qu'elle ait eu l'imprudence
De ne pas s'affranchir de votre surveillance ?
Est-ce que, connaissant vos extrêmes bontés,
Elle a, comme pour moi, cru pouvoir...
ALEX.
Permettez,
C'est précisément là que l'affaire s'explique...
Sachant bien que je suis d'humeur peu pacifique,
Elle avait pris l'avance et, sans plus se gêner,
M'avait tout bonnement envoyé promener.
Mme DE PUISIEUX.
O ciel !
ALEX.
J'avais déjà fait le quart de la route,
J'étais à Billancourt, quand il me vient un doute.
A l'instant sur mes pas je retourne au galop,
Et j'arrive, ma foi, ni trop tard ni trop tôt,
Juste à temps pour bien voir que de moi l'on s'oc-
Qu'on me prend pour un sot.   [cupe,
Mme DE PUISIEUX.
Et moi pour une dupe.
ALEX.
C'est clair comme le jour... Et direz-vous encor
Qu'Albertine ait raison, et que lui seul ait tort !...
Mme DE PUISIEUX.
Je dis, je dis, monsieur, que c'est une infamie,
Se jouer à ce point...
ALEX.
D'un amant !...
Mme DE PUISIEUX.
D'une amie !
ALEX.
Employer contre nous d'aussi lâches détours,
M'envoyer à Paris.
Mme DE PUISIEUX.
M'envoyer à son cours !
ALEX.
C'est une trahison !
Mme DE PUISIEUX.
Qui demande vengeance.
ALEX, à part.
Avec quelle chaleur elle prend ma défense !

(Haut.)
Nous pourrions... Le moyen peut-être est hasar-
Mme DE PUISIEUX.   [deux.
Quel qu'il soit, je l'approuve.
ALEX.
Au surplus, j'en ai deux...
D'abord pour mettre au jour sa noire perfidie,
Je veux sur ce sujet faire... une comédie !
Mme DE PUISIEUX.
Eh ! monsieur !
ALEX.
Croyez-moi, le moyen est fort bon...
Mais je préfèrerais mille fois le second.
Albertine me trompe, et n'est qu'une infidèle...
Mme DE PUISIEUX.
Eh bien !
ALEX.
Pour la punir, si je faisais comme elle ?
Mme DE PUISIEUX.
Quoi !
ALEX.
Ce moyen, madame, est le meilleur de tous ;
Et, si vous permettiez, je pourrais, grace à vous...
Mme DE PUISIEUX.
Monsieur !
ALEX.
Eh bien ?
Mme DE PUISIEUX, à part.
Léon !... Je le vois, il s'avance...
ALEX.
Vous ne pensez donc plus, madame, à la vengeance ?
Mme DE PUISIEUX.
Si fait, si fait...
ALEX.
Alors...
Mme DE PUISIEUX, à part.
C'est pour elle qu'il vient...
ALEX.
Je vous demande un peu qu'est-ce qui vous retient ?
Mme DE PUISIEUX.
Il la cherche, il approche...
ALEX.
Une innocente ruse
Ne peut...
Mme DE PUISIEUX.
Eh ! qui vous dit, monsieur, que je refuse ?...
ALEX.
Ah ! bah !...
Mme DE PUISIEUX.
Le voilà ! vite à mes pieds...
ALEX, s'y mettant.
J'y suis.
Mme DE PUISIEUX.
Bon !
Parlez.
ALEX.
Oui... je...

LÉON, entrant par la porte du fond.
Très bien...

Mᵐᵉ DE PUISIEUX, à Alex qui veut se relever.
Restez... mais restez donc !...

SCÈNE IX.

LÉON, Mᵐᵉ DE PUISIEUX, ALEX.

LÉON.
Ne vous dérangez pas, madame, je vous prie.

Mᵐᵉ DE PUISIEUX.
Vous le voyez, monsieur, je n'en ai nulle envie.

LÉON.
Je ne veux pas troubler un entretien si doux.

Mᵐᵉ DE PUISIEUX.
Je le regretterais au moins autant que vous.

ALEX, à part, en se relevant.
Diable, mais...

LÉON.
Achevez et dites-moi, vous-même,
Qu'il vous plaît que monsieur...

Mᵐᵉ DE PUISIEUX.
Et pourquoi non, s'il m'aime ?...

LÉON.
S'il vous aime !

Mᵐᵉ DE PUISIEUX.
Cela paraît vous indigner ;
Suis-je donc, à vos yeux, si fort à dédaigner ?

LÉON.
Probablement alors c'est cette amour subite,
Qui vous a de Paris fait partir aussi vite...

Mᵐᵉ DE PUISIEUX.
Peut-être.

LÉON.
Et vous venez, c'est généreux vraiment !
Chez votre amie, afin d'enlever son amant...

Mᵐᵉ DE PUISIEUX.
Vous en plaindre, monsieur, serait une injustice,
En le faisant, j'ai cru vous rendre un grand service.

LÉON.
Ainsi vous l'avouez ?

Mᵐᵉ DE PUISIEUX.
Oui.

LÉON.
Vous l'aimez ?

Mᵐᵉ DE PUISIEUX.
Beaucoup.

LÉON.
Vous n'en avez jamais aimé d'autre ?

Mᵐᵉ DE PUISIEUX.
Du tout.

ALEX, à part.
Hein !

LÉON.
Votre aveu me touche et j'ai joie à l'entendre.

Mᵐᵉ DE PUISIEUX.
Du moins, il est sincère et facile à comprendre.

LÉON.
C'est vrai, pour s'y tromper, il faudrait être sot.

ALEX, à part.
Je veux être pendu, si j'y comprends un mot !

LÉON.
Je dois donc m'éloigner, et vais, quoiqu'il m'en

Mᵐᵉ DE PUISIEUX.   [coûte...
Albertine saura vous retenir sans doute,
Elle a tout ce qu'il faut pour cela...

LÉON.
J'en conviens.
(A part.)
De la mauvaise humeur, du dépit... Je la tiens !
(Haut.)
Elle a de l'esprit.

Mᵐᵉ DE PUISIEUX.
Oui... plus que de l'esprit, même...

LÉON.
Du talent, du goût...

Mᵐᵉ DE PUISIEUX.
Oui, du goût... elle vous aime !

LÉON.
Madame...

Mᵐᵉ DE PUISIEUX.
Vous prenez son parti, je le vois.

LÉON.
Je dis ce que je sais et fais ce que je dois.

Mᵐᵉ DE PUISIEUX.
Aussi, j'admire fort votre franche conduite,
Et, pour vous le prouver, franchement je l'imite.
Monsieur m'aime, je l'aime, et réponds à ses vœux.
Je dis ce qui me plaît et fais ce que je veux...

LÉON.
Votre choix est vraiment des plus heureux, madame.

ALEX, à part.
Je crois bien...

LÉON.
Mais voici quelqu'un qui me réclame.

Mᵐᵉ DE PUISIEUX.
Vous l'attendiez ?

ALEX.
Peut-être.

SCÈNE XII.

Mᵐᵉ DUPRAT, LÉON, Mᵐᵉ DE PUISIEUX,
ALEX.

Mᵐᵉ DUPRAT.
Eh ! quel honneur pour nous !
Monsieur Léon, enfin...

LÉON.
Madame...

Mᵐᵉ DUPRAT.
Savez-vous
Que faire attendre ainsi, monsieur, les gens qu'on
C'est mal...   [aime,

ALEX , à part.

Plait-il...

Mme DE PUISIEUX , à part.

Comment, elle ose...

Mme DUPRAT.

Aujourd'hui même,
Madame de Puisieux avec moi s'en plaignait,
Et nous nous étonnions...

Mme DE PUISIEUX.

Moi, pas du tout.

Mme DUPRAT.

Si fait.

Mme DE PUISIEUX.

C'est-à-dire que vous, en charitable femme,
Me parliez, soi-disant pour moi, de lui, madame,
Et même m'invitiez d'un air de bonne foi,
A le faire chez vous venir, comme pour moi...

Mme DUPRAT , bas à Léon.

Je vous expliquerai plus tard toute l'affaire...

Mme DE PUISIEUX.

L'absence de monsieur ne pouvait rien me faire,
Il ne me savait pas à Meudon... S'il y vient,
C'est à vous, non à moi, que l'bonheur en revient.

LÉON.

En effet... le hasard a dû seul m'y conduire,
Madame ayant pris soin de ne pas m'en instruire.

Mme DUPRAT.

Quel que soit le motif qui vous ait amené,
Vous voilà, tout est dit, nous avons pardonné...

Mme DE PUISIEUX.

Vous êtes vraiment bonne et pleine d'indulgence !

Mme DUPRAT.

Mais comme tout péché mérite pénitence,
Pour aller à mon cours offrez-moi votre bras,
C'est votre châtiment.

LÉON.

Je ne m'en plaindrai pas.

Mme DUPRAT , à Mme de Puisieux.

Vous venez, chère...

Mme DE PUISIEUX.

Non.

Mme DUPRAT.

Si.

Mme DE PUISIEUX.

Non.

Mme DUPRAT.

Quelle manie !...

Mme DE PUISIEUX.

Je ne sors pas... monsieur me tiendra compagnie.

LÉON , montrant Alex à Mme Duprat.

Monsieur...

Mme DUPRAT.

Comment, Alex, vous étiez là ?...

ALEX.

Parbleu !
Vous ne m'avez pas vu ?

Mme DUPRAT.

Non...

ALEX.

Bah !

LÉON , lui offrant la main.

Partons.

Mme DUPRAT.

Adieu !...

(Ils sortent.)

SCÈNE XIII.

Mme DE PUISIEUX , ALEX.

ALEX.

C'est trop fort !

Mme DE PUISIEUX

Je suffoque.

ALEX.

Elle l'adore.

Mme DE PUISIEUX.

Il l'aime.

ALEX.

C'est sûr !

Mme DE PUISIEUX.

Monsieur, je veux partir à l'instant même
Nous ne pouvons souffrir qu'on se moque de nous :
Elle part avec lui, moi je pars avec vous...

ALEX.

Avec moi !...

Mme DE PUISIEUX.

Nous irons où vous voudrez, n'importe,
Je m'abandonne à vous, mais il faut que je sorte,
Il le faut...

ALEX.

(A part.)

Comment donc ! tout de suite... Très bien,
Chacun son tour, je vais avoir aussi le mien.

(A part.)

Ma voiture est en bas, j'ordonne qu'on l'apprête...
Je descends et remonte...

Mme DE PUISIEUX,

Allez... je serai prête...

ALEX.

J'y vais, j'y cours... Elle est adorable, ma foi !...

(A part.)

Ah ! madame Duprat, vous faites fi de moi !
A votre aise...

Mme DE PUISIEUX.

Allez donc !...

ALEX.

Je reviens.

(Il sort. Mme de Puisieux sonne, Jenny vient.)

SCÈNE XIV.

Mme DE PUISIEUX , JENNY.

Mme DE PUISIEUX.

Jenny, vite,
Nos paquets, nous partons pour Paris tout de suite...
Mon voile, mon chapeau.

(Elle s'assied.)

JENNY, *à part.*

Je l'aurais parié...

(Haut.)

Au premier coup d'œil tendre, il a tout oublié !...

Mme DE PUISIEUX.

Oui, tout... qui l'eût pensé !...

JENNY.

Qui ?... moi... j'en étais sûre.

Mon Dieu ! les hommes sont de si pauvre nature,
Au lieu de marchander ils cèdent tout d'abord,
Chez eux la chair est faible... et l'esprit n'est pas fort.

Mme DE PUISIEUX.

Après tant de sermens.

JENNY.

Un geste, une parole,

Un sourire... Colère et sermens, tout s'envole !
Que voulez-vous ?... d'ici, je le vois tout confus,
Pour expier des torts que vous seule aviez eûs...
Vous dire : Au rendez-vous j'eus grand soin de me
[rendre ;
Peut-être, à la rigueur, auriez-vous dû m'attendre
Ou m'avertir au moins en partant pour Meudon ;
Mais c'est égal, moi seul suis coupable... pardon...
J'étais fou... quand on aime, on craint plus qu'on
[n'espère,
Je ne vous croyais pas infidèle... au contraire...
Cependant j'avais peur, et dans mon sot effroi,
Je voulais me venger de... je ne sais trop quoi...
J'ai... malgré tout le soin qu'elle met à me plaire,
Pour madame Duprat une haine exemplaire,
Eh bien ! uniquement pour vous mettre en cour-
[roux,
Je voulais l'adorer... tomber à ses genoux...

Mme DE PUISIEUX.

Se peut-il ?...

JENNY.

La vengeance était fort bien choisie...

Jaloux, il s'attaquait à votre jalousie...

Mme DE PUISIEUX.

D'où sais-tu ?... qui t'a dit ?...

JENNY.

Lui-même.

Mme DE PUISIEUX.

Quoi, Darcy...

JENNY.

C'est par moi qu'il savait que vous étiez ici.

Mme DE PUISIEUX.

Il le savait ?...

JENNY.

Sans doute.

Mme DE PUISIEUX.

Oh ! mon Dieu ! je devine,

C'est pour moi qu'il venait, et non pour Albertine.

JENNY.

Parbleu ! la chose est sûre.

Mme DE PUISIEUX.

Il ne l'aime donc pas ?

JENNY.

Il s'en garderait bien.

Mme DE PUISIEUX.

Oh ! je cours de ce pas...

JENNY.

Où donc ?

Mme DE PUISIEUX.

Il lui baisait la main... il m'avait vue,

Je ne le savais pas... troublée à cette vue,
J'ai cru...

JENNY.

Comment, madame ?...

Mme DE PUISIEUX.

Et tu ne m'as rien dit !...

JENNY.

Écoutez-donc, chacun ménage son crédit :
C'est votre époux futur, moi, c'est mon futur maître,
Il ne l'est pas encor... mais demain il peut l'être !

Mme DE PUISIEUX.

Il fallait...

JENNY.

Après tout, c'est bien à lui vraiment,

Il voulait vous punir, et l'a fait bravement...

Mme DE PUISIEUX.

Ah ! si je l'avais su !...

JENNY.

Vous auriez, je l'espère,

Aussi brave que lui, rendu guerre pour guerre...

Mme DE PUISIEUX.

J'étais folle, j'étais jalouse, j'ai cru voir
Qu'il aimait Albertine, et, dans mon désespoir,
Je n'ai pas réfléchi... mon unique pensée
Fut d'offenser celui qui m'avait offensée...
Monsieur Alex m'offrait son secours odieux,
Il était à mes pieds, Léon vient... furieux,
Il n'en peut plus douter... il me croit infidèle...

JENNY.

Bien... très bien...

Mme DE PUISIEUX.

Albertine entre, il sort avec elle...

Monsieur Alex est là... j'implore son appui...

JENNY.

Bravo !

Mme DE PUISIEUX.

Je veux qu'il parte et m'emmène avec lui...

JENNY.

A merveille !

Mme DE PUISIEUX.

Le fat doit croire que je l'aime...

Que faire ?... dans l'instant il va venir lui-même...
Il faut absolument que je parle à Léon,
Je veux tout avouer, lui demander pardon.

JENNY.

Pas du tout.

Mme DE PUISIEUX.

Ce moyen est le seul.

JENNY.

Au contraire,

Ne vous avisez pas, madame, d'en rien faire.
Vous tenez les atouts, n'allez pas les lâcher.

Monsieur se fâche, eh bien ! laissez-le se fâcher...
Il vous trompait, il faut lui rendre la pareille...
Il vous dressait un piége, il y tombe, à merveille !
C'est de très bonne guerre ! allez, ne craignez rien...
Ce que vous avez fait par dépit, est fort bien.
Seulement vous serez, en manière d'excuse,
Censée avoir compris et déjoué sa ruse !...

Mme DE PUISIEUX.

Mais il n'en croira rien...

JENNY.

Il vous aime beaucoup...
Il vous croira, madame, un amoureux croit tout !
Je l'entends...

Mme DE PUISIEUX.

J'aurais tort.

JENNY.

Mais non, soyez tranquille.

Mme DE PUISIEUX.

Et l'autre qui, bientôt...

JENNY.

L'autre est un imbécile.

Mme DE PUISIEUX.

Cependant...

JENNY.

C'est un homme à n'y voir que du feu.

Mme DE PUISIEUX.

Je devrais...

JENNY.

Par prudence, éloignez-vous un peu.

Mme DE PUISIEUX.

J'ai peur...

JENNY.

Non... un amant n'est jamais redoutable.
Entrez, pour reparaître au moment favorable.

(Elle lui ouvre la porte à gauche.)

Mme DE PUISIEUX.

Mais je n'entendrai rien.

JENNY.

Essayez... le voilà !...
Il vous aime !...   (Elle ferme la porte.)

Mme DE PUISIEUX, entr'ouvrant la porte.

On entend.

JENNY.

Rentrez vite...

(Elle referme la porte. Léon voit le mouvement.)

°°°

SCÈNE XV.

LÉON, JENNY.

LÉON, à part.

Elle est là !...

JENNY, à part.

A nous deux... Je commence à ne savoir que dire...
Il ne me paraît pas du tout en train de rire...

LÉON.

Que fait madame ?

JENNY, à part.

Allons, ferme, ne tremblons pas.

(Haut.)

Madame ! elle est sortie.

LÉON.

Hein !

JENNY.

Non... elle est en bas...
Mais elle va sortir.

LÉON.

Je le sais.

JENNY.

Quoi ?

LÉON.

Sans doute.
Avec monsieur...

JENNY.

Plaît-il.

LÉON.

Alex.

JENNY.

Mais...

(Elle se retourne du côté du cabinet.)

LÉON, la voyant, à part.

Elle écoute.
C'est un complot.

JENNY.

Comment, qui vous a dit ?...

LÉON.

Parbleu !
Il ne s'en cache pas... au contraire.

JENNY, à part.

O mon Dieu !

(Haut.)

Quoi, lui-même.

LÉON.

Au surplus la chose est naturelle,
Je crois pour s'en vanter la victoire assez belle,
Madame de Puisieux, malgré lui, tout à coup,
S'en vient éperdûment se jeter à son cou,
Elle l'aime, elle veut qu'il l'enlève... que faire ?
Il obéit... Mais rien ne l'oblige à se taire :
L'aventure est piquante, il la racontera,
Ce soir à Tortoni, demain à l'Opéra...
Dans deux jours, des salons elle sera la fable...
L'homme sera loué... Mais la femme coupable...
Sur elle vont pleuvoir les propos insultans,
Tous les sots en riront... on en rira long-temps !
Et l'on fera très bien...

JENNY.

Comment, monsieur, vous-même.

LÉON.

Quand un homme de cœur, trahi par ce qu'il aime,
Reconnaît son affront, bien loin de le pleurer,
Il bénit le hasard qui vient de l'éclairer...
Madame de Puisieux, libre de sa tendresse,
Pour en aimer un autre aujourd'hui me délaisse ;
Je regrette, il est vrai, que pour me remplacer,

A faire un choix pareil elle ait pu s'abaisser,
Qu'à la merci d'un fat qui va la compromettre,
Elle ait mis son amour, et son honneur peut-être;
Mais enfin mon bonheur et ma tranquillité
Me font de l'oublier une nécessité...
Ce matin... la croyant à peu près innocente,
Le pardon à la bouche ici je me présente :
Tu me dis, et j'admets de la meilleure foi
Que madame Duprat est éprise de moi...

JENNY.

C'était...

LÉON.

La vérité, je le sais... et moi-même
Qui croyais la haïr, je me trompais, je l'aime...

JENNY.

Qui ?

LÉON.

Madame Duprat.

JENNY.

O ciel!...

LÉON.

Et pourquoi pas?...
Peu sensible à sa voix qui me charmait tout bas,
A la porte du cours, dès que je l'ai conduite,
Pour rejoindre Julie, empressé je la quitte,
J'entre et trouve d'abord ce monsieur Saint-Ro-
[main,
Qui m'accoste et me crie en me serrant la main :
Ah! monsieur... je n'ai pas l'honneur de vous con-
[naître;
Mais c'est égal, ma vie est en vos mains peut-être...
Les jeunes gens entr'eux sont communs d'intérêts,
Ils s'obligent d'abord, font connaissance après.
Une femme est là-haut, qui m'aime, qui m'adore,
Qui veut que je l'enlève... et tout de suite encore...
Moi, je ne l'aime pas... mais c'est toujours cela...
Je voudrais l'enlever. — Eh bien ! enlevez-la...
—Oui... mais... Il me raconte alors que c'est Julie...
Madame de Puisieux, qui l'aime à la folie,
Qu'elle veut avec lui partir, qu'il le veut bien,
Que, hors une voiture, il ne leur manque rien,
Qu'Albertine est allée au cours avec la sienne,
Que je puis... Je comprends... et lui prête la mien-
JENNY.   [ne.
La vôtre?

LÉON.

Assurément... ne suis-je pas heureux
D'obliger, à ce prix, madame de Puisieux?...
Il accepte, et s'en va, dans ma propre voiture,
De mon consentement, enlever ma future.

JENNY.

Et vous avez souffert?...

LÉON.

Devais-je me fâcher?...
Il faut souffrir ce que l'on ne peut empêcher...
Je n'avais pas le droit d'aller, puisqu'elle l'aime,
Prendre pour son honneur parti contre elle-même.

JENNY, à part.

Que faire?....

LÉON, se rapprochant toujours du cabinet où est
Mme de Puisieux.

Je l'avais si souvent répété :
Ce qui, de prime abord, n'est que légèreté,
Tôt ou tard, dégénère en faute véritable,
D'un caprice innocent l'habitude est coupable...
Mais au lieu de se rendre à mes sages avis,
Madame de Puisieux ne les a pas suivis ;
Ils eussent préservé son inexpérience,
Elle n'a pas voulu... Voilà sa récompense !
Qu'elle parte !

JENNY.

Monsieur, je vais l'avertir.

LÉON.

Non !
Je ne veux pas la voir.

JENNY.

Cependant...

LÉON.

A quoi bon ?

JENNY.

Un mot d'elle pourrait...

LÉON.

Je ne veux pas l'entendre.

JENNY.

Mais elle va venir...

LÉON.

Je ne veux pas l'attendre.
Porte-lui mes adieux... elle est en bas.

JENNY.

Oui... mais...

LÉON.

Il suffit... va-t'en.

JENNY.

Si... Diable d'homme !... J'y vais...
(Elle sort.)

ooooooooooooooooooooooooooooooooooooooooooooooooo

SCÈNE XVI.

Mme DE PUISIEUX, LÉON; il a le dos tourné.

Mme DE PUISIEUX.

Léon !

LÉON, à part, sans se retourner.

C'est elle.

Mme DE PUISIEUX.

Je... Léon, je suis coupable,
Je ne puis le nier... tout m'accuse et m'accable,
Vous-même... écoutez-moi, de grace, jusqu'au bout!
On ne condamne pas d'avance... Je sais tout...
J'étais là... j'entendais sans oser me défendre...
Ah! monsieur, deviez-vous aussi vite vous rendre?
Vous l'avez dit... je vais m'éloigner sans retour;
Mais je veux votre estime, en perdant votre amour...
Je ne fus qu'égarée... Une femme légère,
Sans comprendre le mal, quelquefois peut le faire.
Elle obéit d'abord au caprice, au hasard...

Et quand elle s'arrête, il est souvent trop tard.
Je ne n'ai pas réfléchi... je vous aimais...

LÉON.

    Madame...

Mme DE PUISIEUX.

Ce n'est plus votre amour qu'aujourd'hui je réclame,
Une autre le possède et moi je l'ai perdu...
Je ne vous en veux pas.... mais j'ai tout entendu...
Si vous saviez, lorsque je vous vis avec elle,
J'étais folle... et voulus vous paraître infidèle...
Cet homme alors... cet homme, il plaignait mon
       [tourment...
Je le pris pour complice et non pas pour amant ;
Il m'offrait un moyen de venger mon injure,
J'acceptai sans l'aimer, sans l'aimer, je vous jure...
Voilà mes torts, Léon, j'ai mal fait, je le sais ;
Je ne m'en défends pas ; mais vous qui m'accusez,
Voyons, n'êtes-vous pas bien injuste ? Les hommes
Nous traitent sans pitié toutes tant que nous som-
       [mes ;
On ne peut donc jamais trouver grace auprès d'eux ?
L'ombre du mal devient criminelle à leurs yeux...
Que dis-je ?... le bien même irrite leurs scrupules.
Avons-nous du talent, nous sommes ridicules ;
Ils croient de leur honneur et de leur dignité
De vouer nos esprits à la stérilité,
Ce qui n'empêche pas pourtant que chez les femmes
On trouve quelquefois...

LÉON.

    Oui, de puissantes ames
Qu'inspire le génie, et qui, du feu sacré
Ont reçu, par hasard, un rayon égaré...
Mais qu'on trouve bien plus de ces docteurs en jupes,
Prêtresses de boudoir et chercheuses de dupes,
Dont le seul intérêt fit la vocation ,
Et qui de femme auteur déshonorent le nom...
Celles-là croient en vain échapper aux risées,
Elles sont, tôt ou tard, en spectacle exposées ;
La ruse pour un temps leur a fait des flatteurs ;
Mais, aux regards surpris de leurs admirateurs,
La vérité fatale un beau jour se révèle...
Tout alors, gloire, honneur, disparaît devant elle,
Et le manteau d'esprit qu'elles ont emprunté
Laisse voir, en tombant, leur sotte nudité...
Voilà de quels faux dieux vous prenez la défense...
Pour nous, du vrai talent faisant la différence,
Nous savons lui payer d'honorable tributs...
Pour défendre ses droits... en combattre l'abus,..
Mesurer au mérite et le blâme et l'estime ;
Et, tout en flétrissant d'une voix unanime
Les spéculations de vos dames Duprat,
Rendre hommage à Corinne, et justice à Mauprat !

Mme DE PUISIEUX.

Eh ! sachez donc aussi d'un crime véritable
Distinguer une erreur... Je ne suis pas coupable,
Je vous l'ai déjà dit... Mon Dieu ! si vous m'aimiez !
Je serais innocente et mes torts oubliés...

LÉON.

Vous parlez à la fois de torts et d'innocence...

Mme DE PUISIEUX.

C'est qu'innocente au fond, j'ai tort par l'appa-
L'apparence est trompeuse, injuste... [rence.

LÉON.

    Je le sais...
Mais enfin, quand par elle on a les yeux blessés,
Quand on a vu le mal, on le croit, homme ou fem-

Mme DE PUISIEUX. [me...
Non, monsieur, on hésite, on doute...

LÉON.

    Non, madame,
Vous ne connaissez pas encor le cœur humain,
On se dit : Je l'ai vu qui lui baisait la main...
On se dit : Je l'ai vu s'en aller avec elle,
Donc il l'aime ; on le croit... la chose est naturelle.

Mme DE PUISIEUX.

Quoi, monsieur ?...

LÉON.

    On se dit : Là, dans ce cabinet,
Cachée à ses regards, quand il me condamnait...
J'ai compris que l'ingrat me croyait infidèle,
Donc il ne m'aime plus... la chose est naturelle...

Mme DE PUISIEUX.

Achevez, achevez...

LÉON.

    Et l'on ne se dit pas,
S'il m'accusait tout haut, il m'excusait tout bas...
Il m'aime... heureux et fier de me rendre justice !
Il voulut corriger sa femme d'un caprice...

Mme DE PUISIEUX.

Sa femme !

LÉON.

    En lui donnant une utile leçon,
Dont il vient à ses pieds lui demander pardon !

Mme DE PUISIEUX.

Ah ! monsieur !

 (Il est à genoux, elle lui tend la main qu'il baise.)

ooooooooooooooooooooooooooooooooooooooooooooooooooo

SCÈNE XVII.

Mme DUPRAT, LÉON, ALEX, Mme DE PUISIEUX,
JENNY.

JENNY, à la porte de droite.

  Oh !

Mme DUPRAT, à la porte de gauche.

  Dieu !

ALEX, à la porte du milieu.

  Ciel !

LÉON, à genoux.

    Chacun son tour !... madame,
  (Il se lève et dit à Mme Duprat.)
Répétez donc, de grace, à Julie, à ma femme...

ALEX, à part.

Hein !...

LÉON.

    Que ma trahison n'avait rien d'offensant...
Qu'on pardonne au passé, quand on a le présent.

ALEX, à part.

Sa femme !

LÉON, à Alex.

Vous vouliez me rendre un bon office...
Je comprends.

ALEX, à part.

Il comprend.

LÉON.

Tout à votre service...
Les jeunes gens entr'eux sont communs d'inté-
[*rêts,*
Ils s'obligent d'abord, font connaissance après.
Je ne l'oublierai pas... je suis avocat...

ALEX.

(A part.)   Diable !
Bel état !... Il me fait une peine incroyable !

LÉON.

Si jamais vous avez des procès...

ALEX.

J'en aurai.

LÉON.

Venez nous voir, mon cher, je vous les gagnerai..
(A Mme Duprat.)
J'en gagne quelquefois... N'est-ce pas, Albertine...

Mme DUPRAT.

Monsieur !

LÉON, à Alex en lui présentant sa carte.

Léon Darcy.

ALEX.

Darcy !... place Dauphine ?

LÉON.

Précisément.

ALEX.

Parbleu ! cela se trouve bien...
J'ai pour vous, dans ma poche, un billet...

Mme DUPRAT, à part.

C'est le mien !
(Elle le prend.)
Pardon, il est de moi... Ce que l'on peut se dire,
On ne se l'écrit pas, ainsi je le déchire.

LÉON.

Madame...

Mme DUPRAT.

Il est de moi, je vous l'ai déjà dit...
Pour vous faire venir je vous avais écrit...

LÉON.

Je reconnais bien là votre bonté !

Mme DUPRAT.

Julie

S'ennuyait loin de vous...

ALEX, à part.

La raison est polie !

Mme DUPRAT.

Heureuse ainsi d'avoir pu vous servir tous deux...
Je vous quitte.

LÉON.

Pour faire encore des heureux...
Je ne vous retiens pas.., vos disciples attendent ;

Portez-leur au plus tôt la manne qu'ils demandent ;
Vous faites tant pour nous, pour eux ferez-vous
C'est mal de les avoir quittés.   [moins ?

Mme DUPRAT.

(A Alex.)   Je les rejoins...
Venez.

(Elle sort.)

SCÈNE XVIII.

LES MÊMES, excepté Mme DUPRAT.

ALEX, à Léon.

Un bon mari dont sa femme se moque...
C'est, je crois, mon cher maître, un sujet de l'épo-

LÉON.   [que.

Oui... des hommes dupés, on en voit...

ALEX.

Avant peu,
Je vous veux là-dessus lire une pièce... Adieu...
Vous comprenez ?...

LÉON.

Très bien !

ALEX, à part.

Il comprend.—Mon cher maître,
J'aurai besoin de vous avant huit jours peut-être...

LÉON.

Tant mieux.

ALEX, bas, à Mme de Puisieux.

Avant huit jours.

Mme DE PUISIEUX.

Monsieur !...

ALEX.

J'ai bien l'honneur
(A Léon.)   (A Mme de Puisieux.)
D'être... votre client... et votre serviteur.

(Il sort.)

SCÈNE XIX.

LES MÊMES, excepté ALEX.

Mme DE PUISIEUX.

Le fat !

LÉON.

Eh bien ! Julie...

Mme DE PUISIEUX.

Oh ! je vous en conjure,
Léon, épargnez-moi...

LÉON.

Jenny... notre voiture...

JENNY.

Oui, monsieur...

LÉON.

A propos...,

JENNY.

Plait-il ?

LÉON, à Mme de Puisieux.

N'oubliez pas
Qu'un honnête conseil vient rarement d'en bas ;
Les dames, de nos jours, en place de soubrettes
Ont des femmes de chambre... et n'en sont pas plus
         JENNY, à part.   [bêtes.
Merci... chacun sa part.

(Elle sort.)

SCÈNE XX.

LÉON, Mme DE PUISIEUX.

Mme DE PUISIEUX.

Mais qui donc vous a dit ?

LÉON.

Une once de bon sens vaut mieux que deux d'es-
J'ai deviné le mal, et l'ai guéri, j'espère... [prit ;

Mme DE PUISIEUX.

Pour toujours...

LÉON.

Maintenant, ce qu'il nous reste à faire,
C'est de partir...

Mme DE PUISIEUX.

Partons !

LÉON.

Et si vous m'en croyez,
Vous laisserez ici vos chefs-d'œuvre oubliés.

SCÈNE XXI.

LES MÊMES, JENNY.

JENNY, annonçant la voiture.

Monsieur...

LÉON.

Bien.

Mme DE PUISIEUX.

Contre vous je ne suis pas de force ;
Vous condamnez l'esprit, avec lui je divorce,
Je ne veux plus, monsieur, en avoir désormais.

LÉON.

Au contraire, ayez-en, mais n'en faites jamais.

FIN DE L'AVOCAT DE SA CAUSE.

Paris.—BOULÉ et Ce, imprimeurs, 3, rue Coq-Héron.